Búsqueda de amor

Maricela Ramírez Loaeza

Para ordenar más libros lo puedes hacer en amazon.com o a los siguientes correos electrónicos con la autora:

Maricela Ramírez Loaeza

azeaoly@hotmail.com

maricelarloaeza@gmail.com

www.poetamaricela.com

Primera edición 10 / 3 / 2008
Segunda edición 8 / 2022

Diseño de la portada: Albert Y. Santana
Dibujo de la portada: Micaela Falcón
Dibujos a lápiz poeta Maricela Ramírez Loaeza
Fotografía de la contraportada: Felipe Villalobos
Dibujo de la autora Luis Carrillo

Ediciones Loaeza

SÚPLICA DE LA AUTORA

Es una madre que, para calmar un poco su dolor, se refugia en los brazos de la poesía mientras busca desesperadamente a su primogénito.

Hace más de tres décadas que no lo acuna en sus brazos. Tiene la esperanza de que alguien le pueda indicar su paradero.

Les pide ayuda y les agradece a sus queridos lectores: si alguien conoce a las hermanas Yolanda y Rosa Cruz García, residentes en la Ciudad de México, por favor comuníquenselo a la mayor brevedad posible. Ellas conocen el paradero de su hijo.

Parece que la madre adoptiva del descendiente de la autora, se llama Alicia o Blanca Alicia y trabajó como secretaria en SEDUED, que ahora se llama SAHOP. Se dice que tuvo gemelas al año después de adoptar al infante de la poeta Loaeza, él nació el 25 de enero de 1983 en el Hospital de la Mujer de la gran urbe, México CDMX.

Maricela R Loaeza

www.poetamaricela.com

maricelarloaeza@gmail.com

azeaoly@hotmail.com

DEDICATORIA

Dedico este libro a mi esposo Juan, mi compañero en el dolor y la alegría; a mi hijo primogénito (*de quien ignoro su nombre y continúo con su búsqueda);* a mis hijos: Albert, Cesar y mi hija Ariana; a mi madre, a mis hermanos, hermanas, amigas y amigos; y a cada uno de ustedes, queridos lectores.

AGRADECIMIENTOS

Gracias al Dios Todopoderoso, creador de la inspiración que habita en ser y me permite escribir obras literarias. A mi incondicional amor Juan Santana quien siempre me apoya en este trayecto y aventura, gracias por tu amor y por creer en mí. A mis hijos, gracias por hacerme recordar que la magia y la creatividad vive en la sonrisa de ustedes. A mi primogénito ausente, mi amor eterno siempre esta contigo.

A mis amigas y amigos: Alicia Zarco, Claudia Casas, Claudia de la Cruz y su Centro Cultural Stage of Art. A todas aquellas personas que de alguna u otra forma contribuyeron para que este libro sea una realidad.

Otros libros de la autora

Versiones en español

- Poemas por amor
- Búsqueda de amor

Versiones Bilingües, poesía y cuento

- Sowing Dreams
- Sembrando ilusiones

- Concert of Sonnets
- Concierto de sonetos

- My Memories, My Stories
- Mis recuerdos, mis cuentos

Libros bilingües para niños

español e inglés

- Pececito coloréame
- Little Fish Color Me

- How to Build a Mountain
- Cómo hacer una montaña

- *El gato y un zapato*
- *The Cat and One Shoe*

- *Flor de México*
- *Flower of Mexico*

Compilaciones de libros de diferentes autores

- Escritores de América 2005
-
- *Escritores de América 2021*
- *Writers of America 2021*

ÍNDICE

BÚSQUEDA DE AMOR

Para mi primogénito

Nos une
el cordón umbilical,
la sangre mestiza,
nos separa la distancia
más no el olvido.

Recuerda...
cuántas veces me viste
sentada a tu puerta
sin estar presente
la materia.

En tus sueños
noche a noche entro en ellos
para jugar contigo
y regalarte un collar de besos.

Tú lo sabes...
jamás me fui,
estoy aquí,
como el aire que respiras,

penetrando tus sentidos,
acariciándote las sienes,
luchando por tu búsqueda
y la conquista de tu amor.

¿¡MÉXICO, DÓNDE ESTÁS!?

Para mi país, México

¿¡México, dónde estás!?
No distingo tu rostro
sé que estás aquí, en mí,
escucho tu respiración,
y los gemidos de tu voz…

Cuando pronuncio tu nombre
siento latir mi corazón,
y la lluvia de tu amor
me baña los sentidos.

Te concibo mío,
eres mío,
te llevo tan adentro,
que no nos separa la distancia,
nos une la esperanza,
el anhelo y mi amor por ti.

¿México qué te han hecho?
¡No encuentro tus bosques!
¿Acaso estoy perdida
sin rumbo, sin destino,
tú sabes, aún me hueles a ti…?

¿¡Dónde estás que no te veo
por más que te busco!?
Sin embargo, oigo tus risas
en medio del rugir de autos,
percibo tu olor a hierbas.

¡México, sé que vives en mí!

ELLA ES ASÍ

para Claudia de la Cruz

Ella es así,
se entrega por completo
como cascada al río; se embelesa,
cual torrente caudaloso,
desborda sus caminos.

Igual que la noche apasionada,
ella se culmina de suspiros
y cubriendo su cuerpo de alborada
llena sus sentidos.

Como los mares cuando las olas
besan discretas a la tierra,
y engalanándose coquetos
llenos de delirios se postran
a sus pies, fieles y rendidos.

Ella es así, en cada taconazo
se deshoja de ilusiones,
y nos colma de regocijo.
Como las aves va alzando el vuelo;
ella con esa gracia cautelosa
baila moviendo sus cabellos.

Con melódica resonancia
se estructura suave
como un primor en armonía se desliza,
llenándose de encanto baila
y al espectador el alma fascina
y deleitándose ella,
en cada paso posado en la tarima
va moviendo su silueta,
radiándose de júbilo, de luz
te envuelve en su mirada, Claudia de la Cruz.

ROSA

Primero hoja,
después capullo,
creció hermosa
y se llenó de orgullo.

En un instante
pasó el tiempo
y un día de esos
en que sopló fuerte viento
se fue cayendo,
se fue rodando
hasta llegar al suelo
y pagó con creces
su añorado anhelo.

Se marchó la rosa,
con pena y desconsuelo,
tan sólo eran pétalos
que arrastraba el viento…

BESO

Por cada beso
que tú has negado
no has cometido
ni delito ni pecado.

Por cada beso
que tú has regalado
se han acumulado tesoros
del pasado.

AZUL

Ese brillo especial lo destellan tus ojos
es la esperanza angelical,
que llena de placer el alma
de un corazón gozoso.

Los caminantes detienen sus pasos
y se cobijan en el lecho de tu mirada
que cautelosa los cubre de infinito.

Las gaviotas...
recorren las distancias y caminos,
teniendo la ilusión de verse en tus ojos.
Es fácil pensar que se puede descubrir
el misterio del mismo firmamento en tus ojos.

Aun cuando la noche tape en el desierto
sobre la niebla la faz de tu mirada.
Yo puedo decir que el azul perenne
en tus ojos resplandece.

En el cielo retumba esta algarabía;
los caminantes no quieren morir
sin dejar de hacer a Dios este ruego:
tener el azul de tu mirada
como el último deseo.

MADRE

Mujer de carácter fuerte,
invencible para defender
lo que en ti procreaste.

Cuna de mis amores
me viste nacer
bañándote de dolores.

Al igual que las águilas;
sacan sus garras
para capturar sus presas,
tú madrecita linda
extiendes tus brazos y manos
para curarme las heridas.

Como el canto de cenzontle,
me arrullas los sentidos.
Tú madrecita buena
me envuelves en tu rebozo
cubriéndome del frío.

El cielo truena,
abriendo el firmamento,
la tierra se llena de ángeles
para hacerte un aposento
y nombrarte mujer de grande cuna
de todo el universo.

AMIGO

Perdón mi buen amigo,
no puedo ser una amante de tu colección,
estrella de un amanecer,
amiga de tu habitación.
Me quedo con el recuerdo
de aquel atardecer.
Una historia del cuaderno que se perdió.

Fácil hubiera sido para cualquier mujer
decir: *—sí, soy tu nuevo amor.*
Difícil para mí es tomar esta decisión.
Lo siento si rompo esta noche tu corazón,
no, no puedo ser amor de tu colección.

NACER

Al nacer: florezco con amor,
en cada amanecer o despertar
como rosa por la magia de Dios.
Vuelvo a vivir, querer y amar,
con gran intensidad.

El amor es lo mejor
que puedes sembrar o dar.
Es la cosecha buena
que incrementa el bien
y da a la tierra fervor.

Aumenta las riquezas del alma
volviendo a renacer.

TE AMO

Deseo musitarte
a los oídos:
—Tú formas mi universo
y pondré el paraíso en tus manos
y este amor que traigo
aquí guardado en el pecho...

Como Dios que es testigo
de todos los humanos
Él es el único que sabe mi secreto:

—Te amo desde que nací,
hasta hoy que es para mí
el último momento…
—Te amo eternamente.

OFRENDA

Quiero brindarte
de mi vida una ofrenda
y me puse a escoger
lo mejor que mereces…

Por más que busqué,
sólo encontré este amor
que tú siempre has tenido
porque eres lo que amo,
lo más bello y bueno
que el mundo me ha ofrecido.

PAZ

Caminé descalza sobre las piedras,
en cuclillas llegué hasta la tierra.
Tapé mis pies con simple arena
y mis manos se llenaron de lodo.
Toqué mi rostro, dejé mi faz neja,
como cuando era niña.

Entre el bisbiseo de la gente y sus risas,
brinqué y lavé mi cara a toda prisa
con agua derretida de la nieve.

Bajo el sol calcinante
se bronceaba mi piel morena
mientras el agua seguía
su cauce por las arboledas.

Observo alrededor,
todo es tranquilidad.
Escucho el murmullo del arroyo
y me sumerjo en la poza de agua;
construida con arena,
troncos y piedras;
de repente, un cenzontle me canta
casi al oído.

Todo es relajante, paz en los sentidos
las amigas sean han ido.
El agua se desliza, me acaricia,
natura se embelesa y me abraza.

Estoy soñando despierta,
y a Dios recuerdo, dándole las gracias
por la paz que habita en mí.

MÉXICO

Para mi país, México

Brindo por México paisanos,
en excelsa alborada recorro sus caminos,
con el alma inspirada trepo cerros,
cual gaviota exploro hasta el último recodo
que Dios ha construido.

Con orgullo me cobijo en el reboso
al decir: —Aquí he nacido.
Siendo México mi voz y eco,
que en mí retumba; su recuerdo vivido
y al levantarme ansiosa
lleno de esperanza mi destino
y de ilusiones los bolsillos.

Por México que admiro
aunque me encuentre ausente
desafiando a la muerte,
el racismo que se porta
entre esta libertad que se pregona.

Y aun cuando esta nostalgia invade,
la misma pena que castiga
al igual que aves viajeras;
ellas distinguen desde el horizonte
la senda de su destino.

Yo, a distancia
me abrigo en ti: México
y en tus brazos me conforto.

Brindo por México hermanos,
heredero de mi amor y mis suspiros.

CANASTA DE AMOR

Hoy al despertarme
supe lo tanto que te amaba,
le di gracias a Dios
por estar enamorada.

Me levanté alegre, apresurada
y empecé a vestirme en seguida
poniéndole a mi rostro una sonrisa,
a mis ojos el brillo de la chispa,

a mi nariz, el aroma de tu amor,
a mis labios, la miel de tu sabor
y mis oídos los llené
con el canto de tu voz.

Ya llenos mis sentidos
caminé a toda prisa
trayéndote como ofrenda
la canasta del amor.

PROTESTA

¿Qué pasa con la guerra
protesta de la tierra
gime, llora y se aferra
a una evolución que aterra?

POESÍA

En medio de la soledad
me encontraba,
soledad que no comprendía,
empecé a jugar a ser poeta
escribiendo poesía.

Sentí como el olvido
constantemente me abrazaba
aún rodeada de esta humanidad,
la adversidad
no tan fácil me soltaba.

Busqué entre la oscuridad
la luz para alumbrar mi senda
y tener la esperanza
de no caer al fango.

Poesía fue quien cambió
mi vida y mi suerte
salvándome de las garras
del desdén y muerte.

Poesía fue quien me cobijó,
bajo su manto blanco,
nutriéndome el pensamiento
de anhelo,
llenándome el alma paz
esa, que Dios nos regala.

Siendo la poesía;
legado de amor ,
razón de mi fe,
poesía… es,
es mi salvación de toda desdicha.

MI RANCHO

Se está poblando mi rancho,
está creciendo.
Primero, era una casa,
después, un pueblo,
ahora, es una ciudad
y en ella casi no cabemos,
tiene centro de salud,
bancos, restaurantes,
servicios de comunidad
y no sé cuánto más vas a encontrarte…

A mis viejos se les escapó su juventud,
nada es como antes,
caminan con lentitud
cuando cruzan sus calles.
Ya no conozco su gente
que veía desde siete leguas.

No escucho cantar los gallos,
ni las vacas están mugiendo,
no rebuznan los burros,
y los niños no los veo corriendo.

Los prados no se llenan
de milpa, sorgo, quelite
y no encuentro el sembradío,
de calabazas y tomates rojos
tampoco veo el color rojizo de su jamaica,
ya todo es diferente.

No diviso brincar los chivos en los cerros,
sólo oigo rugir motocicletas y me aterro.
¡Cómo ha cambiado mi rancho,
que por sus calles me pierdo!

HIJO

Para mi hijo primogénito

El dolor que me envuelve
es la pena que no olvido,
es lo mismo que llevo
desde hace mucho tiempo
cuando era niña,
casi adolescente.

La desdicha y el desconsuelo
empezaron al perderte,
me partieron en mil pedazos
mi rebelde corazón.

Cómo alimentarte
si el hambre nunca sabe
cómo saciarse.

La tristeza que me invade
quebranta mi ilusión,
los lugares que recorro
son puñales en el alma.

Le pregunto a Jehová:
¿Cómo le hago para encontrarte,
hijo, cómo le hago?

LIRA

Camina cadenciosa ella siempre neja
al mismo tiempo movía la ceja,
con el paso elegante sin dar queja
saluda sombría su vaca bermeja.

Al recorrer los prados su ilusión flaquea,
respira profundo, desvanece, se marea,
camina coqueta y continúa su tarea
y de alborada su vista se recrea.

Sollozando agónica el alma contonea,
silenciosa, aprisa enciende su chimenea,
cuando el viento veloz y loco le menea
su cuerpo en vaivén; se pasea.

Ella transita por esa vieja casona,
al hacer su travesía Lira incursiona
con semblante de fantasía de leona
y su espíritu fulgente se emociona.

Haciendo ahínco de esta real belleza
se desliza en silencio con destreza
ella sabe que ese caballero la embelesa
y por amor, a Dios todo el tiempo le reza.

Vuelve al bosque, dónde ella ha nacido,
busca en los árboles el pájaro del nido,
qué sorpresa, él también se había ido
dejándole el vacío diáfano de olvido.

SÓLO JEHOVÁ

Nadie puede cruzar
el umbral del destino,
no hay quien pueda retar
a la muerte,
sólo Jehová, sólo Jehová.

No hay quien haga del polvo
la existencia del humano
sólo Jehová, sólo Jehová.

Hoy por eso en sus manos
le dejo mi vida,
sólo a Jehová, sólo a Jehová.

MORIR

He de morir dos veces
si no te encuentro,
si no te veo hijo,

no será fácil
abrir caminos,
medir distancias,
alcanzar el vuelo,

no será fácil
con la ignorancia
más no imposible,
así lo creo.

BOHEMIOS

Cuando el sol se acurrucaba
en las faldas de las montañas,
cayó la noche y junto con ella
cayeron sobre la faz de la tierra

un millón de mil estrellas
para dar luz y resplandor
a este júbilo lleno de ternura
que alborota de amor a sus querellas,

y disfrutar con gusto esta algarabía
que se regocija el corazón de alegría
porque han nacido,
entre noches de poetas
bohemios por amor en un solo día.

HIMNO DE AMOR

Un golpe del alma,
una pista al dolor,
una voz y proclama
limosna de amor.

Un himno cantando
en honor a mi Dios,
y un llanto que despierta
a cualquier soñador.

MUNDO

Mundo
te envuelves
en el dolor,
te afliges
y no callas tu llanto,
te encuentro
sediento de amor
y sufres tu pena,

ante el encanto
de una rosa
te sorprendes
y por un beso
te entregas
y floreces.

Mundo anhelante
de amor estas
que en el alma traes
el rostro marcado
del dolor desventurado,
el rencor, la avaricia,
y todo te esclaviza
que de Dios
te has olvidado.

Mundo creo
que es un martirio,
al ir girando al revés,
en verano es frío
y en el invierno, calor es.

Mundo vuelve a ti... otra vez.

NACÍ

Nací
y morí
para el viento de las flores.

Gocé
y viví
para el amor de mis amores.

Caminé
y descubrí
el cantar de los ruiseñores.

Me acosté
y dormí
en el sueño de las ilusiones.

Al despertar,
descubrí,
es Dios quien me llenó de bendiciones.

TUS HUELLAS

Por donde quiera que camine
tus huellas están marcadas,
el viento me trae tu aroma
y la gente de ti me habla.

Quisiera seguir tus pasos
y abrir más senderos
pero las huellas de tus zapatos
son más grandes que mi destino.

ASOMBROSO

Me miras
y no tienes ojos.
Respiras
y no tienes nariz.

Es asombroso
cuando hablas
y no tienes voz.

Me acaricias
y no tienes manos,
te reproduces
y no haces el amor.

Sueñas y no duermes.
Me amas
y no tienes corazón.
Te mueves
y no tienes pies.

Lloras por el dolor
que te causa el ser viviente,
sufres por lo inhumano...

Árbol, te matan,
sin justicia, ni razón.

TOCANDO PUERTAS

Tocando puertas
y abriendo corazones,
llena de esperanzas,
e ilusiones.

Ella se alimenta
de esa mirada
que el viento se llevó.
De aquella lágrima
que al suelo cayó.
De una sonrisa
que en su recuerdo se plasmó.

De esa rosa que se deshojó,
y de aquel pétalo
que llegó a sus pies...

Tocando puertas y abriendo corazones...

ÁRBOL

Árbol,
me gusta
cuando el aire y tú
rozan mis mejillas.

Tú me cobijas
bajo tu sombra,
me vistes el alma de frescura,
y él alborota
mi melena con locura.

Árbol, tú y el viento
para mí son dulzura.

DULCE RUEGO

Agua dulce de verbena,
flores de miel,
blancas perlas,
líneas hechas en papel.

Estrellas y luciérnagas
brillaron el día aquel,
si el mundo se me llena de tristeza
me lo envuelvo en oropel.

Dolor y tierra,
cordón umbilical y amor
me llena de esperanza
y une a nuestro ser,
como madre siempre espero
sientas en el alma mi querer.

Aunque las distancias
a veces nos aterran,
ruego a Dios volverte a ver
sin embargo,
a veces algunas golondrinas
jamás regresan al edén.

Eso no quebranta ni mi amor ni mi fe,
si en paz el universo me dijera:
el tiempo ya se fue.
Volvería a intentarlo aunque nadie quisiera
y enviarte mi amor por donde estés.

Que Dios siempre te bendiga hijo
y leas este dulce ruego
que lleva la verdad a tus pies.

POESÍA

Mi pecho se abre de gozo al amanecer,
tus manos entrelazadas con las mías,
el corazón estremece a mi ser de alegría,
y abrazo a tu cuerpo; y se inventa poesía.

Pasando el tiempo, se acorta la vida
despacio y en silencio llega la armonía,
una voz en secreto nos dirá alma mía,
también de un sueño; se escribe poesía.

El amor ha nacido y suspira y suspira
al verte gloriosa mujer bendecida,
trayendo en tu vientre el poder, gestar vida
y al ver nacer un ser; se crea poesía.

Vestida de amor, descalza de pena,
agonía deja el aura susurrar su interior
y en silencio ama jugando al amor,
pues le nace afecto y se sueña poesía.

El aire travieso canta una melodía,
el sol por coqueto tibia mi mejilla,
el aroma de un beso revolotea en el día,
en tus brazos soy chiquilla; ideando poesía.

Al juntarse dos almas como cosa divina
se apartan y se plasman sin monotonía,
entre las olas y el alba una bambalina,
mientras un poeta escribe; delira poesía.

TUS OJOS

Hoy le escribo a tu vida
y con mi pluma plasmo
la grandeza de tu alma
y a mares creció.

He encontrado en tus ojos
la verde ilusión,
y la dicha que a los niños
les alegra el corazón.

He descubierto en tus ojos
la esperanza del pobre
que Dios les dio;
y he llegado a entender
que tu vida cambió,
tu mundo es distinto,
y hay cosas por hacer…

Te has llenado de todos,
la riqueza del amor
y la sonrisa ha llegado
pintando tu querer.

Hoy todo ha cambiado
para volver a nacer,
en un verde diferente
cuando te vuelvo a ver.

He hallado en tus ojos
el universo al revés,
hoy contigo ha triunfado
el amor otra vez…

SOMOS EL MÉXICO

para todos los migrantes del mundo

¡Somos el México de afuera!
¡Los que al migrar nos hacemos añicos el corazón
el alma cual quimera…!
Trayendo de los nuestros, sus razones y sueños,
ilusiones que se agranda con la esperanza
y nos mata con el vértigo de esta cruel distancia.

¡Somos el México de afuera!
Y al partir y luchar, por una vida mejor
nos perdimos de los nuestros el amor.
Al no ver crecer a nuestros hijos,
al no enterrar a nuestros padres…

Somos los que sufrimos y lloramos
y nos carcome la ausencia.
Somos los que amamos en soledad,
sin tener más clemencia,
que un nido frío, vacío, habitado sin sentido
y penetrado el olvido…

¡Somos el México de afuera!
Igual que las golondrinas viajeras
regresaremos un día a nuestra tierra
si nuestro Dios nos permitiera…

A recoger de aquel amor su fruto
que dejamos con los brazos abiertos.
A recoger aquel cariño
que nos guardaron nuestros viejos…

A respirar el hálito que susurra en nuestros oídos,
matizando y acariciando nuestros rostros
como suave brisa, tierna alborada,
¡porque nosotros somos, el México de afuera!

MIRA

Mira cómo nace la vida
Dios la formó; una pareja unida
en un beso se unificó creando un nuevo ser.

Siéntelo y vuélvelo a vivir,
el capullo empieza a crecer
convirtiéndose con el tiempo
en un hombre o mujer
y así, a otros se han de unir.

Vívelo a cada momento y déjalos progresar
de ella y él nuevos seres nacerán.

ALGO DE TI

Hay algo de ti que me gusta como transpira,
hueles a paz, sabes a paz de la vida.
Esa ternura sublime; me cautiva,
y es que tienes la gloria, la gloria divina...

Al escuchar tu voz, mi mente alucina,
un universo envuelto de sueños,
se forma la imagen de un mundo distinto
quien casi nadie ya anhela.

Me encanta de ti, lo que la gente se olvida,
tus sonrisas y abrazos brindados al viento,
esa dulce mirada perdida en el tiempo,
fantasías envueltas y abrazadas contigo.

Me fascina cómo Dios te ha bendecido,
llenando de calor cada uno de tus sentidos,
plasmando tu amor en tu hijo querido...
Me gusta de ti lo que tú le das al olvido...

¿SERÁS TÚ?

La lluvia cae…
el frío y la noche
cubren mi cuerpo.

Bajo la mirada
de un cielo negro
brilla un lucero
y me pregunto…

¿Serás tú…
quien aún despierto
en el mausoleo
vislumbra mis noches
oscuras de tormentos?

¿Serás tú…
y aún penetrado de olvido
insistes en revivir el fuego
de lo vivido?

Tú me dijiste:
— ¡Los muertos
aman más que los vivos
y yo te amo hasta el infinito!

Y sin embargo,
la lluvia moja mi vestido,
tú estás bajo tierra, y yo…
en el mundo de los vivos.

GUERRERO

para el estado de Guerrero México

Me gusta de Guerrero
unos ojazos negros
que me roban la duda…

Cuando recorro sus calles
meneando mis enaguas
comiendo mi chirmole
hecho en molcajete, me encanta…

Ese pozole verde, sus tamales
hechos en hojas de plátano,
sus frijoles negros cuando se cuecen
en olla de barro y su rama de epazote,
sus tortillas hechas a mano
y si bebo mi chilate, me facina…

Cuando llego a La Bocana,
lugar donde nací, me zambullo
en ese arroyo donde mi madre
me bañó por vez primera.

Recostada sola en la arena
el viento besa mi tez morena,
observo sus maizales,
el color rojizo de su jamaica
y me embelesa.

Dios lo premió,
al estado de gran naturaleza
y me gusta de Guerrero:
su alma chirunda, su alma chirunda

chirunda = desnuda

LA SANGRE

Siento
la bendición
del Creador
y como cae
sobre mis sienes,
desciende la musa
en mi interior
deliran mis sentidos
y mi ser se vierte
en un espécimen diáfano...

Purificada,
empiezan a brotar
los versos
más floridos,
de nostalgia
y de alegría.

Me asedian
los años vividos,
alucina la mente
locuras
y se arrastran,
se hilvanan
y vuelan.

De la sangre brota
el torrente virtuoso,
y comparte el alma
la comparsa
a través de un viaje inverso.

RECUERDAS

Recuerdas
nuestro código secreto
y la sangre mestiza
que corre por nuestras venas.

Si los indios cantan
florecen azucenas,
los pájaros lloran
y les ahoga la pena.

Muero despierta
sueño entre piedras,
mira el tuerto
y viven las hienas.

Cae la noche,
mágica espera,
en tiniebla un susurro
lo descubren mis sentidos.

Muere la ilusión
junto con la guerra.

Vuela despacio
la esperanza y se aferra
para caer de nuevo
sobre esta tierra.

Desvanece el código
para ser el origen
de lo que antes era.

AÑORANZA

Camina y corre que los años pasan,
ella soñó despierta que la luna
se abrazaba a su almohada,
en burbujas blancas ella le esperaba.

En lo azul del cielo ella ahí soñaba
un mundo distinto el corazón albergaba.
Días dichosos de aquel ser que amaba,
juventud de amor en su piel reposaba.

Llegan los años, caen sobre ella
las noches eternas y nunca se acaban,
revolotea en silencio y casi les hablan
de décadas enteras que ella anhelaba.

Ha pasado el tiempo y aquella chiquilla
es ya una anciana de espalda encorvada,
de ojos profundos, tiernas miradas,
y con sus cabellos blancos juega el alba.

Ya no salta ni corre por las montañas,
si acaso suspira al despertar la alborada
peinando despacio su cabellera plateada
dice en silencio desde su ventana:

—¡Oh bellos recuerdos prendidos del alma,
son tan sólo míos; sus voces y esperanza;
moraré en silencio recostada sobre la cama,
ahora veo de lejos lo que me encantaba!

¿POR QUÉ MUERO?

¡Si muero!, ¿Por qué vivo?
¡Si vivo!, ¿Por qué muero?
En un dulce aleteo de las entrañas
muero, al respirar, al vivir o soñar…
Pero si viva estoy muerta,
¿Por qué morir si no vivo?

Todo vive, todo muere,
el atardecer atrás de las montañas,
la lluvia, al caer al suelo,
los sueños y la esperanza,
al llenarse de desilusiones.

El amor y tu amistad mueren
al vacío de tus palabras.
El árbol
cuando se secan sus raíces
y caen sus hojas; fenece.

La risa fallece al llegar el llanto…
Muere la selva fracturada
por sus egocéntricos matices.

Muero tras esos juramentos
comprometiendo mi alma
vagabunda y soñadora.
Mas sin embargo,
me sostiene la fuerza del amor,
tu risa loca, mi fe en Dios,
mis teorías y de polémicas dinastías.

¡Mueres tú! ¡Muero yo! ¡Todo muere!

¡VOLVERÉ!

¡Volveré…!
Al nido donde las golondrinas
suelen regresar.

¡Volveré…!
Al origen de aquel lugar
donde mis padres
me vinieron a engendrar.

Y si la vida volviera
de nuevo a empezar
o los días se acaban de escapar
y el reloj no marque un eterno final.

¡Volveré…!
Como aquellos años
a formar la edad
y aquellas orugas
que se tornaron mariposas al incubar.

¡Volveré…!
Por los nacimientos de rosas
que me producen placeres
o si al despertar estoy segura
qué jamás te podré olvidar.

¡Volveré…!
Cuando tú vuelvas
a implorar a Dios
que regrese de nuevo al hogar.

¡Volveré...!

BENDITA SEA LA VIDA

Bendita es la vida
existiendo por doquier,
benditos son los ojos
que me vieron nacer.

Bendita es aquella mujer
quien en su vientre vio poder
para la existencia de mi ser.
Benditos son mis hijos
quienes de mí salieron a florecer.

Benditos quienes aman
y los que odian también.
No hay razón en esta vida
por la cual tenga que maldecir;
benditos es el me hace sufrir.

Bendito es el que me odia
porque así puedo comprender
el sentimiento del amor
valorando la felicidad o el dolor.

Por lo tanto, bendito es
quien me enseña a amar,
para mi bien o mi mal,
bendito es este mundo universal.

CAMINOS

Voy abriendo caminos
que un día pasaran
las flores sin destino y exploraran.

REFLEXIÓN

Unas arrugas, unas canas,
más historias compartidas,
rayos de luz en mi cabeza,
experiencia adquirida.

Es verdad, tengo en mi rostro
huellas de haber llorado.
¿Por qué voy a renegar años vividos?
¡Ya los quisieran
quienes al nacer han muerto
y otros al vivir lamentándose
y poniéndose miles de pretextos
lo mejor de la vida sean han perdido!

¡No me vestiré de etiqueta!
Porque así no lo deseo
ni me hace más humana.

¡Me vestiré de esperanza,
de paz en la conciencia
y amor en el corazón!

No atañe si al caminar
piensen vivo
en la más profunda pobreza.

Porque sé que tengo el alma
llena de riqueza
y un corazón para amar.

OLVIDADOS

No sé vivir
en el mundo de los olvidados,
si los muertos al partir
viven en el olvido
o los vivos al vivir
olvidan de la nada.

¡No lo sé! Me preguntaba:
viendo la alborada.
Sólo sé que
por Dios un día fui creada,
que me amo demasiado
y de la vida vivo enamorada.

No sé qué es lo más triste,
también me cuestionaba.
Si es mejor morir para ir
al mundo de los muertos
o vivir y morir ignorada
en el olvido de los vivos.

¡No lo sé! ¡No lo sé!
Algunos comentaban:
hay quien olvida
de pronto en la nada,
o se ha quedado olvidada.
¡No lo sé!, ¡no lo sé!

Apenas murmuraba.

DE MI AMOR

Vivo cumpliendo tus deseos
y tú abusas de este amor
que te profeso.

Vida, no se te vaya a pasar
todo el tiempo la mano
y un día se me acabe
la paciencia la cual tengo
y sientas el temblor
de mis enojos.

Porque sólo basta
con que tú lo pidas
en el nombre de este amor
que para mí lo es todo…

Y como tu fiel compañera;
a tu modo
con ferviente fulgor
voy cumpliendo tus antojos.

CÓMO HABLAR DE TI

Cómo hablar de ti
si no te llevo en la sangre,
no te siento mío,
no escucho tus risas,
ni palpo tus sentidos.

Cuando te busco
no te encuentro;
y si te llamo,
se me olvida tu nombre.

Cómo hablar de ti,
no sé dónde te escondes,
el sol no sonroja tu cara,
tus ojos y mis ojos
no se encuentran.

Mi piel ya marchita
se ha olvidado
del roce de la tuya
y el aroma de tu cuerpo
no lo percibo.

Al perderse tu huella
los vestigios de nuestras vida
se bifurcan
y se me olvidó cómo hablar de ti.

ENVEJECER

No voy a envejecer
porque estaré
enamorada
del atardecer,
o despertar
que me siembre
en el camino al andar.

No voy a envejecer
porque me sobrarán
razones
para volver a amar
y traigo el corazón
lleno de cariño.

Me sobrarán sueños
que conmigo llevaré,
seré joven eternamente
aunque tus ojos no vean
lo que mi alma siente.

Y vivo plenamente
sin desear
lo que tiene la gente.

No voy a envejecer,
porque todas las noches
doy gracias al Creador
por tener mi espíritu
de triunfadora.

MADRECITA

Madrecita, al cobijarme
con tus brazos y cubrirme
el rostro con tus manos,
manos de terciopelo,

no habrá cielo que se rompa
en mil pedazos,
pero sí habrá estrellas
dando luz a tus cabellos.

Hoy me engalano
y te nombro reina eterna,
con flores de primavera
y hojas de verano.

Madrecita de mi vida,
Dios te bendiga
por abnegada, fiel amiga.

Como bella aurora
me despiertas
por las mañanas,
rozando mis mejillas,
con besos y caricias.

Madrecita,
Dios al crear el amor,
lo hizo para abrirnos
más caminos,
y el tuyo fue el mejor
y el que más fruto diera.

VIVIRÉ

¡Viviré, viviré, plenamente:
de sur a norte!
Qué la vida
sólo es un soplo divino,
la noche se deshoja
entre flores de los ríos
y el día se engalana
con sonrisas de los míos.

Cortas son las horas
y la vida es un suspiro,
un instante vale la pena vivirlo.

Al verme al espejo
de sueños me visto
y el tiempo obsequiado por Dios
es el cual disfruto
pues no soy nada eterna
y mi mundo es sólo mío.

¡Viviré, viviré, intensamente:
de polo a polo,
como el aire que respiro
que la vida es muy valiosa
para perdérmela en lamentos!

Mas si al levantarme
no tengo sueños
con pétalos de rosa
que llenan mis bolsillos
no incumbe
porque al fin podré decir
que me amo inmensamente.
Aun cuando la noche
caiga bajo la sombra

de mil vestidos negros
o la muerte se convierta
en mi fiel compañera
y amenace con llevarme
a cada instante que respiro,
palabra, no voy arrepentirme
de vivirlo.

Si el dolor que me abriga
es más pardo que el olvido;
¡Aún más así viviré
cómo nunca he vivido!

¡Viviré, viviré dulcemente:
de oriente a poniente
como nadie en este mundo
lo haya hecho!

Porque estoy llena
de ilusiones y esperanzas;
vivir para mí un segundo
es un triunfo en la vida.

¡Viviré, viviré, mientras Jehová lo permita!

COLACIÓN

Este cuerpo de uva que tengo
no me aflige ni me arruga
cuando en mi mesa veo
un suculento plato de comida
que Dios en vida me ha regalado.

Como por Doris, Claudia y Laura,
por todas las flaquitas
que están a dieta de pan y agua
sólo que hoy empezó la repartición
de las libras acumuladas por colección.

A Doris le doy veinte libras
para lucir sus hermosos cachetes,
Claudia veinte de ribete
y así agarre colorete,
Laura veinte sin regatear
y así empiece a coquetear.

Para hacer bien la colación;
a mi esposo le doy diez del corazón.
Ciento veinte es buena métrica
para no quedarme tan esquelética.

Prometo dormir bien la siesta
y no comer nada que indigeste;
para no perder la tradición,
denme un plato de frijoles
con queso y chicharrón.

¿DE QUIÉN NACE?

¿Nace de ti o nace de mí?
¿A quién le incumbe de quién nace?
Si existe la unión
de dos caminos, dos fuerzas
y dos buenos amigos.

Nació de ti primero,
germinó en mí después,
para ser uno solo
y procrear otro ser.

¿A quién le importa
dos historias compartidas,
dos vidas unidas,
a ti porque me quieres
o a mí porque te amo?

¿A quién le interesa
de dónde vienes,
de tierras lejanas
o de aquí mismo?
Si nos unen sentimientos
y dos destinos diversos.

¿Nació de ti o nació de mí?
¡Qué más da de quién nace!
Si se juntan nuestras almas,
se unen nuestros cuerpos…

SENTIMIENTOS

Flor del campo,
luna redonda,
canto de jilguero,
brisa mañanera...
me quiero.

Sueño conmigo
y siento mi vida
unida al amor.

Si Dios enseñó
lo que es amar…
Pues, me amo más.

Ni tarde ni temprano,
ni veloz ni lenta,
lindo amanecer,
olor de hierba campestre…
me aprecio.

Aurora taciturna,
callada, gritona,
despierta, dormida,
llorando, o sonriendo…
me amo.

De tantos sentimientos
aprendí a quererme,
y de tanto amarme…
terminé de mí enamorada.

¿VIVES PARA MÍ?

¿Dónde estás
o en dónde vives
conmigo y sin mí,
a la orilla de ti,
amándome nada más?

Si estás aquí,
estás conmigo
tomando una taza de café,
pensando y viviendo
sólo para mí.

¿Estás en mí
sentado en la soledad
anexado
al soliloquio de mi vida?

¡Vives pendiente de todo,
esperando una mirada mía,
una sonrisa,
besándome mis pies,
llenándote el alma sólo de mí!

¿Sueñas conmigo?
¿Soy tu historia,
tu presente y tu futuro incierto?

¿¡Tú vives para mí!?
¡Porque sé que sólo yo vivo en ti!

MI DULCE NIÑA

Para mi princesa de chocolate

Vives en mi corazón,
donde el torrente sanguíneo
baña tu alma,
no te aleja de mí
ni marca la distancia
entre tú y yo.

No me dejes nunca,
jamás te separes de mí,
mi dulce niña.

He descubierto
que por dentro eres una niña,
una niña quien vive en ti
y juega con muñecas
de cartón y trapo.

Veo la pena y timidez
de tus mejillas sonrojadas
a pesar de la blancura
que posee tu piel,
tus ojos brillan al dintel
de un paraíso escondido...

Vives aquí, junto a mí,
sintiéndote mía,
mi dulce niña.

CUENTOS DE HADAS

Cuando te alejes de mí,
tendré de ti
la ternura sembrada en mi alma,
la suavidad tersa de tus manos,
los cuentos de hadas narrados por ti...

Sentiré tus emociones,
los latidos de tu corazón
cerca del mío y esa forma distinta
de contemplar la vida…

Escucharé tu risa;
sí, tu risa extraviada
esfumarse en el eco
e incrustarse en mis sentidos.

Veré tu rostro desvanecerse
en mis sueños
y perderse en el camuflaje
de tus ojos piadosos.

Tus recuerdos llenarán mi vida
y por ellos me colmaré de dicha,
viviré feliz...

Cuando de mí te vayas;
no quedaré vacía
porque estaré tan llena de ti…

CONCESIÓN

Para mi amado Juan

Cuando muramos
seré yo quien muera primero:
de otra manera;
no podré soportar
el dolor de tu partida,
ni verte en la tumba fría,
durmiendo eternamente.

No resistiré y sucumbiré
Al no escuchar tu risa extraña
resonar como murmullo de pájaros
en los tímpanos de mis oídos.

Tampoco podré
dejar de ver la selva de tus ojos
que tanto amor me trasmiten.
Sé, moriría de tristeza
tan sólo de pensar
que has hecho el viaje
sin regreso.

Cuando yo muera:
quiero que seas tú
quien dé el último adiós
en mi morada.
Sobre mi sarcófago
déjame tres rosas
de matiz roja, blanca y rosada:
para que el amor de mis sueños
sea siempre mío...

Tu amistad
debe existir eternamente
como lo has prometido.
Deseo que estos dos sentimientos

florezcan tan puros
como la blancura
de la flor en tu piel.

A mis hijos háblales
de lo mucho que los amo y amé
y lo importante que son para mí,
aún después de mi muerte.

¡A mi gente bríndale mis poemas,
ellos también deben conocer
mi búsqueda constante
de uno de mis hijos
y a través de mis versos se enteren
cuánto los amé también a ellos!

Cuando llores mi ausencia,
quiero imaginar tus lágrimas
caer sobre las rosas
como gotas de rocío.

Tú tirarás el puño de tierra
sobre el ataúd
y podrás expresarme
las últimas palabras de afecto,
tus plegarias a Dios a favor mío
y pedirme perdón
por lo que tú crees;
que me fallaste.

Piensa, segura te diría:
Todo está olvidado y perdonado
donde perecen mis pensamientos,
y descanso en paz.

CASTILLO DE AMISTAD

Para la escritora colombiana Claudia Carbonell

Te construí un castillo
para toda la eternidad
en medio de tu corazón.
Los cimientos son:
el amor de nuestra amistad.

Los pilares los hice del cariño
y respeto habido entre nosotras dos.
Las paredes están hechas
de ilusiones y recuerdos.

El techo lo cubre la paciencia y ternura,
su decoración interna
son la humildad y la sinceridad
de nuestros sentimientos.

En la mesa te pinté mis ojos
y al verte en ellos
seré espejo de la vida
donde se reflejarán
las sonrisas más hermosas
plasmadas para ti, de mí.

Cuando te sientas desfallecer
estaré contigo
con un ramillete de rosas,
aromatizando tu espacio.

Si deseas ver tus ojos
mirarás hacia el horizonte,
ahí descubrirás su color
y la grandeza de mi amor.

Tal vez vendrán tempestades,
o quizás guerras y sentirás el temor
que se derrumba el castillo
quedando así, a la intemperie…

No, no tengas miedo,
el castillo es sólido,
edificado fue
para soportarlo todo.

En sus estructuras grabé
cada uno de mis poemas
por si al sentir la soledad
crees morir y pienses…
nada valió la pena.

Recuerda al leerlos,
cuán grande es nuestra amistad,
y está bendecida por Dios,
además podrá derrumbar
cada obstáculo o barrera
que se interponga al corazón.

CORAZONCITO

Ven... Enamórate de mí
corazoncito viajero
como gotas de agua
y de arriba quiero.

A nada me aferro,
a nada me obsesiono,
si te vas...Te daré mi olvido.

Sé, me quedarán tus recuerdos,
los sueños vividos
y las manos vacías
por la ausencia de tu querer...

Sé habrá noches sin estrellas,
cielos sin lunas,
el sol, no será tan resplandeciente
y tal vez, en algún instante,
llegará el olvido.

Si te quedas...
Corazoncito viajero,
haré de nuestras vidas:
eternas fiestas.

Nuestro mundo adornaré
con dulces gotas de agua
del rocío al amanecer
y así calmar tus ansias y sed
de corazoncito viajero...

FLOR SILVESTRE

este poema lo hice para mí

Soy… Flor Silvestre,
sencilla, callada,
no sé nada.
Mi encanto consiste
en ser como soy;
poeta provinciana,
romántica y soñadora,
campesina humilde,
guerrerense mexicana.

No soy flor del jardín…
silvestre al fin.
No me someten a corrales
ni el viento me arrastra;
aun con su furor despavorido.
Fragancias van y vienen
y yo… tranquila.

Soy de tierra sureña
vivo en el campo
y mío es el cielo.
La lluvia lava mis pétalos,
baña mi espíritu…
El sol da brillo a mi textura
y nada se interpone al corazón,

Me alimento el alma
de fe en Dios,
de él siento su fuerza,
esperanza y amor,
suavizando mi alma,
no para ser víctima
si no para luchar con valor.

Soy…Silvestre Flor… Flor Silvestre

PERDÓNAME

Para mi primogénito

Perdóname...

Lo sé, fui cobarde,
tienes razón, es cierto,
cavé mi propia tumba
y tu olvido
bañando de distancia
nuestros sentidos,
pero jamás enterré mi amor por ti.

Tú lo sabes...
Te siguen mis recuerdos
y no podrás escaparte de ellos
porque hay una comunicación
a través de nuestros genes.

No hay pautas ni secretos,
tú sientes mi llamado,
yo siento tus preguntas,
tu miedo, tu amor y tus anhelos.

Ven...te busco desde hace tiempo,
tú sabes cómo encontrarme...
Yo a ti no, porque de haberlo sabido
desde hace décadas estaría contigo...

Búsqueda de amor

SONETOS

Maricela Ramírez Loaeza

AMISTAD ILUSORIA I

Creí en ella, pensé su ternura es sincera,
segura estaba que no me traicionaría,
no sospeché que al marcharse olvidaría
la ofrenda de nuestra amistad verdadera.

Han pasado muchos días, semanas y meses,
ella, quien confesó: lo tanto que me quería
ni una carta escribió ni por cortesía.
evoco el momento: el reloj marca las tres,

nos juramos un amor fraterno, sin malicia,
y si la distancia fuese; habría noticia
las epístolas estrecharían nuestra unión.

Su promesa no fue perenne, si no ficticia,
comprendo no era del alma ni del corazón,
y su amistad fue, ilusoria apreciación.

AMISTAD ILUSORIA II

Un día le mandé una carta, ya cansada
y su ausencia una vez más le reprochaba,
el silencio el cual constante ella mataba
el sentimiento de la amistad agraviada.

Después, suena el teléfono y alguien llama,
contesto y es su mamá y ella musitó:
falleció a su regreso y nos manifestó:
—la quiero y amo como hermana del alma.

Deseó tus cartas les leyeran en su tumba,
y las de ella, las guardaran por el momento
dando tiempo para informarte el suceso.

No tuve más opción al leer la epístola,
que decirte: no hubo traición en su deceso,
su amistad eterna; a ti es prebendada.

BONITA

Bonita disfrutas los años en plenitud;
el tiempo camina en silencio por tu piel,
no hace estragos en ti, sigue siendo fiel,
y creas de tu casa un altar de quietud.

Niña en flor vives tú la vida y creces
llena de valor pintas el amor, al revés,
y siembras cariño esperanza otra vez,
selva dormida, el afecto reverdeces.

Eres rosa del jardín y vives el edén
no lo olvides, naciste bonita también,
cosechas amor, floreces al amanecer,

hermosa gozas y sueñas distinto por él,
muchacha de cabellos pintados, ojos miel,
chiquilla enjaulada en un cuerpo de mujer.

CONTRITA

No merezco un pedazo de cariño,
ni siquiera un poco; tu compasión
y mucho menos consigo tu perdón;
sé me alejé cuando eras niño.

Muy caro pagué este cruel dilema,
en el alma llevo esta condena
y sigo aquí pagando mi pena,
mas ya no puedo cambiar el problema

crecen mis ansias de ir a buscarte,
Dios lo sabe; muero por encontrarte,
y si Él me concediera tenerte.

Podría en mis brazos acunarte,
volviendo a vivir feliz contigo,
sin tener más este dolor amargo.

TE AMÉ

¡Te amé y no puedes dudar de mis palabras,
jamás fueron mentiras, sólo dije la verdad.
¡El amor nos unía con tesón, sinceridad,
y tu aroma, mis sentidos los despertabas!

Latente vivía la ilusión en murmullo
y tu voz suave y musical en mí sonaba,
al compás del corazón dije que te amaba
y sentirte sólo mío; eras mi orgullo.

¡Te olvidé, no hay duda, pronto te olvidé
y me dolió perder tu recuerdo enjaulado,
con esa risa de llanto y sueños de niño!

La noche susurró quedo. ¡Ay, cuánto lo amé!
¡Cómo olvidar tanto sentimiento cariño!,
¡sí, el recuerdo dice: que te he olvidado!

ANGUSTIA

Amiga al ver las noches caerse
lenta sobre tus hombros se descubre
la tristeza oculta y lúgubre,
que nace del jardín y se esparce.

Eres cielo cálido y festejas
alegría, raudales de amores
y bañándote dentro de los mares,
vas danzando airosa y das quejas.

La nostalgia invade a tu hogar,
en el desconsuelo pierdes la razón,
sola, la angustia te hace llorar.

Tú eres sol, no dejarás de brillar,
melancolía irrumpe tu región
lo siento amiga en el corazón.

ME RECORDASTE

Muchas gracias por llevarme en ti,
Creí que me habías olvidado,
o acaso me he extraviado,
que tu aroma no lo percibí.

Te siento más mío y sincero
del lado izquierdo del corazón
y tú estás aquí sin más razón,
ciega no distinguía tu rostro,

y no percibía tu esencia.
Creyendo morir de impaciencia
en medio de la noche oscura,

lo deduje con tanta premura
será un rayo de luz de luna,
y no; eras tú, mi gran fortuna.

PRONTUARIO

Quiero vivir alejada del mundo
escuchar los sonidos de arroyos,
rugir de selva o canto de grillos,
y subsistir contigo, a mi modo.

Deseo gritarte mi pesadilla
y siendo ser yo, un ave perdida,
tengo el placer de vivir la vida
y disfrutar contenta mi estrella.

Sin palabras habrá paz, armonía
flores del rocío, fresca mañana,
luz nocturna y mi fiel melodía.

Viento mi dolor te habrás de llevar,
y la tierra fértil tendrás que labrar
con las frases bohemias de mi lira.

GLORIA

Al verme en el cielo de tus ojos me perdí.
Gloria, tu recuerdo se parece a mi madre
su elipse opalino de tus ojos cuadre,
Gloria, quiero descubrir al ser que está en ti.

Vas llenando mis noches de sueños prodigiosos
mujer deseo saber cuáles son tus raíces.
¿De dónde vienes, quién eres y por qué renaces?
Sin embargo, me atraen tus brazos extendidos,

como lo hace mi mamá para abrazarme.
La pluma se desliza, dibuja tu sonrisa,
eres gloria helenística y purpurina.

El aire veloz, loco, la brisa vespertina
vienen robándote caricias, besos de prisa.
¡Cómo no quererte, si eres como mi madre!

LA CHISPA DEL AMOR

Cuando empezó a arder la chispa del amor,
fue apagada por Céfiro fuerte con dolor.
las flores se enraizaron pronto con mas ardor,
vino el viento veloz las arrancó con furor.

Fantasía el ánimo otra vez les alegró,
taciturna la llenó de risas y confianza
con sus besos y caricias les sembró bonanza
y de las rosas sus fragancias él las agració.

La chispa, la flores son amigas legendarias,
y son como hermanas unidas, solitarias.
todas juntas vuelven de nuevo a las montañas

No quieren morir llenas de tu hipocresía,
por la ausencia atroz de sus nidos sin vidas,
van cubiertas de congojas y melancolía.

TE AMO

Amor regio siembras en mi entraña dulzuras,
y sabes bien, vivo con sólo una mirada
que al olvido le brindas en tu almohada
y me aprisionas, me amas con más locuras.

Sin desconfianzas o sin condiciones del alma
me das amor intenso, grande y sin palabra,
y lo has sembrado en mi tierra que se labra
probando tus sabores en casa, en la cama.

Te amo profundo y de mi pecho emana
un amor bonito que brota cada mañana,
sentirme viva; calor de sol tras mi ventana.

Te amo sin delito, ni dramas en la mente,
con un amor distinto que surgió prominente
de las entrañas; en una noche de repente.

TÚ Y YO

Para mi esposo Juan G. Santana

¡Oír la cigarra, nace sentimiento,
cabalgamos llenos de amores, buenos
galopando recorremos caminos,
y nos unen más, tú vuelas, yo canto!

Tú... y yo, resguardados con las ramas
de árboles que van mojando sus hojas.
El cielo gime, disipa congojas,
nacen montañas, distancias próximas.

El agua de ríos sigue bañándonos.
y solos cabalgamos amándonos
tus ojos verde seducen, invitan

a conocer la densidad de selvas
como si no me pertenecieran,
son míos sus otoñales aromas.

NACE EL AMOR

Cuando nace el amor, el sentimiento
se deshoja y los árboles arcaicos
desvisten su esencia; seres frenéticos,
reverdecen corazón, pensamiento.

Del amor nacen corrientes extrañas
invaden cuerpos de iguales deseos,
el afecto atrae los amores, llanos
y lontananzas unen las montañas,

las madreselvas hablan en secretos;
sus querencias generan emociones
colores, variadas geografías.

Nace el amor y se crean historias
llenas de lenguajes mudos les hablan
de sueños perenes, amores buenos.

CREAR AMORES

Crear amor es dar vida en el ser interior,
y amar intensamente como nos ama Dios,
te amo esposo mío, nos amamos los dos
vamos luchando por los sueños con mucho ardor.

Tú, mi amiga leal y hermana del alma,
te quiero y te amo sin llevar tú mi sangre
con un cariño sincero grande, que Dios guarde
tus frescas mañanas tranquilidad y tu calma.

Y te amo madre ser por noble y sencilla
tú que al dar amor engendraste ilusiones
y afectos perdurables en distintos seres.

En nosotros sembraste, legaste la semilla
cosechando los cariños en tierras fértiles,
haciendo historia de cómo crear amores.

MI DERROTA

Vengo con el corazón roto, alma vacía,
y siento la derrota que está dentro de mí,
estoy lejos de todo aquello que ayer fui,
no reniego de su maldad o cruel cobardía.

En zozobra lloro el olvido de quien amé,
la soledad perdida vida en lejanía.
No culpo a nadie de mi atroz melancolía,
si acaso rezo por quienes un día olvidé.

Historias no concluidas; quizás rememoraré
en el paraíso bello; edén de los muertos
y de suplicio eterno se invade mi ser.

De las noches oscuras se nutren los fracasos,
perplejos, agónicos me hacen palidecer,
no quiero morir, mas al mundo no regresaré.

SINOPSIS

Quiero ver tu foto colgada del campanario,
tu recuerdo mantenerlo preso al corazón.
amor se escabulló; se hizo desolación
y se me escaparon los versos del breviario.

Tus ojos glaucos y embusteros son letargos,
traspasan líneas boscosas que hay en mi piel.
Muero en las sombras tenebrosas de tu cárcel,
hecha trizas entre aquellos verdes vástagos.

Quiero decir: te quiero y amo; alma mía,
sin embargo, mi voz calló con amargo dolor.
Tú… gorrioncillo vuelas y picas de flor en flor,

concluyes la historia de vida sin clemencia.
Yo, águila, sin levantar vuelo, qué porfía,
casi pierdo la leyenda de mi existencia.

TU INCURIA

Quizá suspire o solloce, cuando te marches
y un segundo de silencio te lo guardaré.
Después celebraré la libertad que me daré
y gritaré mi triunfo en los días y noches.

Disfrutaré al cien mi albedrío ansiado
y la dirección de mi destino yo tomaré.
Desde las sombras saldré y no te añoraré,
realizaré mi viaje idealizado,

plantaré en mí la semilla imaginada,
esperanza de sueños que un día albergué,
no lloraré tu olvido que tanto esperé,

al contrario, si te has ido: te aplaudiré,
al fin podré ser libre; mi vuelo elevaré,
y brindaré mi liberación tan añorada.

MARGARITA

Para la escritora cubana Margarita Noguera

En el jardín vive una margarita bella,
tiene los ojos chispeados, risa canora.
Ella escribe cuento, poesía sonora
del enamorado alborota su querella.

Por tantos versos que Margarita ha creado
de la sepultura revive vivos y muertos
salen ellos bailando dichosos y coquetos
por la musicalidad linda que le ha dado.

En el jardín, sus poemas se han recitado,
ellas rientes dicen: “Margarita los ha hecho”
en el ramillete cuenta, le ha agregado…

La esperanza, ternura y todo su pecho
y que de noche no estemos en desagrado
y logremos leer sus fabulas en el lecho.

SEMILLA DE AMOR

La semilla de amor nace, crece
sobre la tierra goza su libertad
da su fruto llena de honestidad
con las lágrimas la riegas, florece.

Germina amor, crea amor puro
va alumbrando a la oscuridad,
y nos da cariño con fraternidad
sentimiento agraciado, seguro.

Ella llora y bellas amapolas
brotan lisonjas de muchos colores,
cantando, va reverdeciendo flores,

de noche, día surgen ilusiones,
que bailan sobre el mar y sus olas
cuando el viento las mece a solas.

PÁJARO NEGRO

Vuela pájaro negro y traslada mi alma
el ayer incierto que me perturbó y bañó
el luto habido en mí, al azul inmenso,
infalible destino que se llevó la calma.

El sentimiento negro que atroz me desvela.
Vuela pájaro es allá donde debes estar
mi espectro agónico no deja respirar,
distante de este amor que me encarcela.

Si en el trayecto te cubriese de negrura
aún más así, debes alejarte y; volar
sin límite, sin tiempo, al cielo su altura.

Esas flores deben sentir y ver al sol brillar,
quiero del afecto el sabor de su dulzura
sentir que estoy viva y lo voy a intentar.

PROMESA FALSA

Promesa falsa que me hiciste al marcharte
y vanas palabras del ayer salieron de ti,
jamás pensé que te olvidarías tú de mí,
tanto podría jurar; que no iba a perderte.

Te brindé la esencia impoluta de mi ser,
creí en tu léxico bonito dicho al oído,
y sin embargo, el tiempo nos marcó olvido,
y la distancia mató sin compasión mi querer.

Recuerdos indelebles de quienes hoy se aman,
sin tener clemencia ellos con dolor entregan
un amor profundo y nacido del corazón.

¡Me voy dejándote por herencia la tristeza,
afectos formados de tu farsa y bajeza
la nostalgia obtenida por la desilusión!

INESPERADA SOLEDAD

No lo niego, me dolió tanto que me dejaras,
no te culpo, por la inesperada soledad,
causando en mí más pena en la adversidad,
a Dios agradezco el que me abandonaras.

La dolencia de perder me dio la fortaleza
que necesitamos como humanos conocer...
Hay problemas que levantan más fuerte al ser,
sabiendo que no todo en la vida es tristeza.

Para hacer de la derrota triunfo o proeza,
y esperanza del amor que se acrecienta,
dolor del cual se logra obtener la firmeza.

Entendiendo, no es fácil de nuevo amar
si alguna vez se ha estado enamorada
o si conoces penas de amor en su llorar...

EXPIACIÓN

Moví los cielos y corté caminos
dejé todo por estar junto a ti
para disfrutar tu amor carmesí,
y pudiendo así los dos amarnos.

Al llegar qué dolor y penitencia,
observé tu rostro, no te conocí,
al verte por un instante me morí,
eras distinto, cruel con tu querencia.

Al conocerte todo fue un penar.
En tierra ajena tu amor perdí.
Hoy regreso a mi humilde lugar,

donde la familia me espera, el hogar,
un cariño puramente para mí
que pienso, nunca debí, abandonar.

LA PRISIÓN

¡Ah, cómo duele la ausencia!
¡Ay, cómo me duele el amor!
Con mucha alegría y fervor
deseo querer a consciencia.

Lo humano todo lo enreda
es crueldad y prevaricación,
no hay quien ofrende el corazón,
ni gente buena en la tierra queda.

En esta cárcel me esperan
para llevarme a la prisión;
inocente así me condenan,

me encarcelan, leyes humanas
y no hay prisiones más negras,
que la maldad hiera; su traición.

NO ES INGRATITUD

—¡No te vayas, esa era mi insistencia!
¡No te alejes nunca más por favor te pedí!
¡Y ven, abrasa, aprisiónate junto a mí,
calma esta loca ansia con tu paciencia...!

Le hablé al caer el sol muy detrás la montaña.
Él expresa: —el amor es destino disímil.
—¡No, no sabía que el amor fuese maldad sutil
que corroe el sentimiento o la entraña!

No es la ingratitud del ser que ha amado,
el amor engrandece a el enamorado
el espíritu de quien todo el tiempo ama,

uno se goza verlo contento en la cama,
sintiendo el corazón latir acelerado,
y llorar o ser feliz a la vez si te llama.

ENAMORADA DE TI

Para mi esposo: Juan

Aprendí a amarte así; tal como eres,
y de tus defectos Juan, formé la esperanza,
que me cautiva silenciosa y entrelaza.
De tus virtudes hice el aroma de flores.

Como la enredadera envuelve al árbol
luego lo llena con el verdor de su maleza
lo presiona, hasta asfixiarlo por torpeza.
y callada quieta ella lo quema como sol.

Sin embargo, de tus defectos amor me construí
un collar de perlas que adorna el corazón,
de bondad llené el paraíso de ilusión.

De nosotros dos se cultiva; la inspiración
para poseerlas en la vida dentro de mí
tal como eres amor, me enamoré de ti.

MI CRUEL OLVIDO

Te dejo león rugiente, dolido,
y Soledad es tu cruel prisionera,
será tu carcelera compañera
y desvalido vivirás sin nido,

recibirás perene tu castigo,
el desprecio de vivir sin abrigo,
te cubrirá de dolor mal amigo,
y te tortura fielmente, lo digo:

Tu pago final será tu mutismo
es el regalo de lo que tu mismo
me forzaste vivir sola contigo.

Malévolo, retorcido, mendigo
y yo te destrozo en mil pedazos
corazón, obsequiándote mi adiós.

VAGABUNDA

Eres vagabunda; cielo nublado
en las riberas juegas inocente,
arrancas utopías, buscas suerte
navegando por mares has llegado.

Sumergida de pesares y dolor
pintas líneas, marañas, helechos,
escribes las reglas a tus caprichos,
quieta observas a tu alrededor.

No recuerdas hermosa vagabunda
cuando eras andarín; de limosnas,
de hojas secas cosías tus prendas,

con vejucos el destino labrabas,
y hoy cortas alas en estampida,
enjaulas jilgueros y golondrinas.

LA MAGIA

La magia de una rosa
se asió por mi sonrisa,
para quitarme tristeza
se deslizó más a prisa.

Anda luz maravillosa
quien se quita la camisa,
siendo ella tan hermosa
por la ventana divisa.

La magia de una rosa
siendo roja primorosa,
no hay cosa que le niegue

cuando ella me visita,
con un hoja que despliegue
cambia toda mi carita.

INOPIA

Abrazando la pobreza la paso,
hago reverencia a su osadía
de atar su alma junto a la mía
y de envolverme en su regazo.

¡Ay, a veces de ella me enfado
y me dan deseos, sólo olvidarla
y quedo perpleja, admirándola,
se abrasa, se abriga a mi lado!

La veo sin nada reprocharme ella
luego se acoge en mis sentidos,
me viste de limosnas mi destino,

me llena de pobrezas y motivos
que no quiero olvidar su querella;
pues es fiel y conmigo ha vivido.

ABUELITA

Para mi abuela Tomasa Catalán

Abuelita, ayer me heredaste
el sueño eterno, tu tumba fría,
tu secreto revelaste ese día
y tus remembranzas me prebendaste.

En mí los llevo grabados exactos,
tus cuentos y poemas no escritos
en las hojas blancas de los libretos,
pero van impresos en mis pensamientos.

Son estrellas, fulgor en mi mente.
y las, guardé; luz de ti refulgente
secreto ancestral de existencia.

Nieta mía: prolongarás con paciencia
— **"Sí comes chile, frijol** y **tortilla,**
le alargarás tiempo a la vida".

ATARDECER

Voy a seguir volando Atardecer
y en primavera o cualquier tiempo
visitaré luna, mar y el campo;
al llegar empezaré a florecer.

Como aras giraré y me iré
y quizás algún día me detenga
para besar tu piel y te sostenga
palabra dada al amor, cumpliré.

Como Julieta en aquel olivo
tal vez caiga en nubes de algodón
y construyas este loco corazón.

Seguiré como la húmeda brisa
desvanece, se desliza aprisa
Atardecer insólito, desierto.

¡LA PATRIA ERES TÚ!

¡Patria eres tú susurrándote al oído
con frases melódicas de fugaz mariposa.
Como águila cadenciosa y tierna rosa,
igual que las olas en el mar embravecido!

Tú impetuosa bella flor emites sonidos
y extrayendo del amor el néctar de su miel,
tú eres del humano su aroma y su piel.
¡La patria eres tú y te lo gritamos todos…!

Llevas el recuerdo de amor en ti cautivo,
te amamos más cada línea de tu cuerpo
y traes llena de ti el sentimiento vivo.

Tú que albergas sueños y alargas el tiempo.
¡La patria eres tú; a conciencia te lo digo:
eres del amor dulces ilusiones y abrigo!

MAR

Mar magno te gozo, libre o a escondidas,
y tu enigma lo descubro a la distancia,
con tu inmensidad mar ocultas arrogancia,
sanas heridas y las congojas investidas.

Con imponente gracia y tus sábanas blancas
cubres de espumas las playas en la orilla,
veloz trenzas con tu oleaje la boquilla
y desanclando penas de mí las arrancas.

Mar majestuoso quien te viese embravecido,
conocerá de tus aguas profundos secretos,
te dirá suave frases canoras al oído.

Mar te llevas contigo mi fuerza y mis sueños,
la fantasía de caricias y embelecos,
mi cuerpo gustoso se va contigo unido.

AMOR TACITURNO

Te lo digo: a mí no me basta este amor
que me profesas tácito y melancólico.
No me satisface tu estilo romántico...
Que me ofreces vida constante en tu honor.

Deseo un amor bravo, desencadenado,
donde te partas el alma en un solo duelo,
te arranques el corazón para mí, traerlo,
y verte como ofrenda heroica; postrado,

y que por mi amor luches a cada instante
como el único guerrero de este tiempo;
mas tú dices: calmando mi ansia inconstante...

—¿! Ay, mujer, por qué pelear o retar a muerte?
¡Mujer, mujer yo solo anhelo y contemplo
es tener sólo paz y vida para amarte!

ESCUÁLIDOS

Nos miran indigentes, caídos, putrefactos,
permanecemos, distantes debajo del árbol,
de los cuerpos a veces perdemos el control
envueltos en marañas, ansiosos y sedientos;

estamos en medio de las noches hechos garras
y sobre las manos ya tendremos más basuras.
Mas por el frío, todos temblamos con premuras
como cuerdas rotas arrancadas de guitarras,

nos entonan melodías tristes, angustiosas
y transportadas por el viento vienen al féretro
e insistentes armonizan la misma canción.

Hechos pedazos danzamos en el suelo nuestro,
y llevamos sueños sembrándoles esperanzas,
arrancando desdichas en la última ilusión.

DOS MANIJAS

Aúno tus labios con los míos misteriosos
mas el aroma de la rosa, qué maravilla,
de tu voz formo la melodía para villa
elixir de cariños, suspiros sustanciosos.

De tus ojos dibujo luceros luminosos,
con tu piel quiero coser unas buenas cobijas,
De tus manos poseo caricias, dos manijas,
hago de tus brazos tendederos, calurosos.

Mas puedo por simpatía crear un cuarteto
ya sea fragmento de soneto, no quintillas,
verso crético, sentimiento gozoso, quieto;

ansió sin más razón escribir en mi libreto,
las cosas glorificadas, bellas o sencillas,
y que se conecte santoral al esqueleto.

VETUSTO

Quiero con ansias escribir en verso,
robar voluntad alma con ardor,
aunque vida no seas un primor,
y vivas en el universo inmerso.

No pretendo vilipendiar Añejo;
no me provoques ni retes trigueño,
pues ayer prometiste con empeño,
con gusto regalarme buen consejo.

Hoy quieres cambiar mi destino, suerte
dándome por sentencia cruel, la muerte.
¡ No lo sabes; soy guerrerense, riente!

¡Aun cuando no tengo más salida
peleo, con tenacidad herida
antes que perder o bajar la frente!

ROSA ROJA

¡Rosa roja, bella, coloreada,
tu perfume tranquiliza, mi cienes,
el tenerte se incrementa mis bienes,
y prosigo por ti tan obstinada!

¡Cómo dejarte; soy quien te cultivo,
tus fragancias adormecen sentidos!
¡Tu gentileza desborda latidos,
cómo no recordarte, por ti vivo!

Luces imperiosa, pulcra airosa
y por el jardín elegante posas,
opacas a tus colegas, otras rosas.

¡Ay rosa mística y vanidosa
que por Dios te sientes bendecida
por ser encantadora en esta vida!

ROSA AMARILLA

Patente al corazón se ve mi hermosura,
espléndidos sueños albergo con galanura
amarillo es el color, luz de mi textura,
me cultivas con amor y cuidas con lisura.

Con paciencia me proteges y luego me celas
y por mi encanto vanidoso tú suspiras,
por ser coqueta, bella, el alma desesperas,
me conviertes en tu esclava; me encarcelas.

Después, sin aprecio me devastas y degradas,
molesto deshojas mis pétalos y los tiras
cayendo ellos pesarosos hacia el suelo.

¡Qué dolor, me torturas, humillas sin consuelo
caro pagaré el precio a mi donosura,
y por ser preciosa siempre habrá quien me quiera,

ROSA BLANCA

Rosa blanca un día a mí llegaste,
alegrando el jardín de mis pesares,
del rocío de tus hojas hice mares,
y con tu esencia me embelesaste.

Con tu bondad de amor; curó mis males,
tu inocencia enterneció mi alma.
¿Cómo pensar que robarías la calma,
llevándote de mi vida los caudales?

El sueño me lo dejaste hecho triza,
y el corazón en pedazos se quedó,
al suelo, cayó de prisa; se esparció.

Tú alzaste el vuelo y muy de prisa
y lo mejor de mí te lo has llevado,
dejando el vestigio de ti plasmado.

ROSA ROSADA

Rosa amistosa sólo yo te puedo querer;
eres amor, cariño bueno lleno de virtud,
la amistad que brindas la vivo en plenitud,
suave, cálida, con aroma fino de mujer.

Tú revives mis sueños con la misma dilección,
de los pobres y débiles serás fortaleza.
Del jardín eres rosa caudal de mi riqueza,
incrementas mis bienes: esencia del corazón.

Siembras cariño y en el vergel nacen flores,
reavivando tu aureola diamantina
excelsos sentimientos llenos de emociones.

Das cavidad a la esperanza de amores
que brota de tu ser al mío; se compagina;
rosa sos de esencia celestial ave trina.

MIS POEMAS

Les prebendo de mi existencia mis poemas.
Inmenso tesoro, del ayer lo acumulé,
son escritos de los amores que acaudalé
edificados con alegría de las almas.

Sí, al escribirlos dejé la vida entera,
el cariño del ser; inocencia de la niñez,
dejo plasmados mis versos en total desnudez,
mostrándome ante todo pulcra y sincera,

deseosa de amar, dar mi calor humano
que eriza mi piel y mi interior dormido;
de este sentimiento de amor cristalino.

Llévenselos adheridos como dulce ruego
con la esperanza de darles un amor puro,
plasmándoselos con inspiración y apego.

UMBRAL DEL DESTINO

La muerte lúcida se paseaba,
por el umbral del día con empeño,
quería la existencia del niño
quien por la escalera caminaba.

La muerte disfrutaba su momento
audaz planeó llevarse su vida;
de repente se quedó sorprendida;
el papá reaccionó por instinto.

De sus brazos le arrancó su sino
y dando de nuevo las gracias a Dios,
el papá le vive agradecido.

El amor a la muerte ha vencido
queda demostrado en el camino;
afecto de padres es retribuido.

PALOMO BLANCO

Palomo virtuoso tu vuelo has levantado,
regresa al sur con los seres que has amado,
evocó tu rostro y tu verso declamado,
dejaste en la casa mi pecho destrozado.

Palomo blanco mis riquezas te has llevado,
dejando en pobreza; corazón enjaulado.
Si regresas; volveré otra vez a tu lado,
poniéndote yo por celda, el amor guardado.

Palomo níveo, no levantes más el vuelo
quédate conmigo o llévame a tu lado
dándome el calor que bajo tus alas quiero.

Tú serás realidad del amor verdadero,
te abrigaré feliz; siendo mi prisionero
y jamás escapes de éste que es mi cielo.

TIEMPO

Lo que atrás quedó, para mí allá estará;
El tren sigue su paso y nunca regresará,
no permanezco a el ocaso; jamás vendrá
una noche al terminar; un día comenzará,

un amor llegará y volveré a empezar.
Las horas del reloj; lo vez; no cesan de marcar,
y si ayer yo fui feliz; lo quiero divulgar,
el mundo no es gris y lo acaban de pintar.

Por qué voy estar aquí tratando de esperar,
el tren sigue su paso no va a retroceder,
la noche en que llegué no volverá a pasar.

Es por eso que me dispongo a vivir, gozar,
con quien ame la vida o entienda el querer
volviendo de nuevo a renacer y empezar.

UN VASO CON AGUA

Por amor te juro que no te voy a maldecir
y es exigua esta traición de tu mal querer
aunque has causado en mí amargo padecer,
te juro, todo el tiempo te voy a bendecir.

Al entregarme completa y fiel a mi verdad,
y al amarte con armiño logro discernir,
el conocerme a conciencia pude descubrir
de lo que soy capaz al dar amor o amistad.

Que tu amor adyacente sea el cilicio
y mató el alma la ilusión, tu falsedad,
el litigio hizo incrementar el prejuicio

que te alejaras de mí sin tregua alguna.
Indudablemente sólo fui en tu fortuna;
un vaso con agua en la sed de tu soledad.

SEMBLANTE ARCAICO

Los árboles vetustos, somnolientos
mecen sus ramas veloces con fervor,
haciendo sonidos, ecos de tambor
escucho sus balbuceos abruptos.

Tú llegas con un semblante arcaico,
desnuda traes mirada de cielo
y la blandes de tu cuerpo en celo
se contonea; te sientes único.

Llegas para llenarte de ternura
te cubres de amor y te transportas
a nirvanas no antes conocidas.

Sueñas sobre la selva con finura,
brindas tus amores y me exhortas,
a sembrar quimeras coloreadas.

ADVERSIDAD

En sueños veo tu rostro en un trigal,
tu voz suenan constantes en mis oídos,
murmurando se despiertan mis sentidos,
tu cuerpo parece ambiente tropical.

Dios sabe no puedo unir tu imagen
e infiel se despega de mi memoria,
deshilándose a lo que fue mi gloria,
se escabullen recuerdos; ya no viven.

El corazón me insta a no perderte
y que siempre luche con tenaz audacia
pero el orgullo dice: no rogarte…

No vaya hacer que de tanto amarte
caiga yo en desventura; mala suerte
y cavar mi propia tumba por desgracia.

NACER DE NUEVO

Cuando dijiste chiquita, me sentí
y abrigada con tus regios brazos,
naciendo de nuevo en tus regazos
envuelta dentro de tu vientre me vi...

Y me ames con cariño maternal,
amor que hoy brota de tu entraña.
Adyacente mi presencia extraña
de tu aroma suave y matinal.

Selva verde para mí son tus ojos;
por cobija la tez blanca de tu piel;
desde las comisuras de tus labios

sentir en mí el roce de tus besos,
el regalo creado por tus manos
esta muñequita hecha de papel.

TU AMOR Y EL MÍO

No queda de tu amor y el mío,
no retornes; ya sembraste olvido.
!No regreses, todo está perdido,
lo puedes ver; no hay lugar vacío!

No lo niego; yo te amé ferviente,
fuiste razón que regía mi vida,
y sin embargo llegó tu partida,
sanó la herida y estoy fuerte.

Nada queda del amor que fue tuyo,
se quebró, se deshojó el capullo,
y se secó la flor de mi cariño.

Cesó el amor, renació orgullo
y voy a luchar con noble empeño
vivir en el mundo el dulce sueño.

EL HADA

Para la escritora Claudia Carbonell

Con relámpagos verdes, gotitas de miel clara
desde Cali Colombia caminó encantada,
navegó mares, cruzó valles ilusionada,
trajo esmeraldas y mariposa viajera.

Vi a el hada distinta a los cuentos bellos,
en el cielo se pierde brindando sus querellas,
convirtiendo los sueños en luces y estrellas
no trae vara mágica, luces ni destellos.

Posee ojos de selva; tonos encendidos,
plantó utopías y vives para creerlo,
de ella brota fulgor dados a muertos-vivos,

goza la emoción de haberlos revivido,
fue una fortuna que se cruzara conmigo,
sentir la dicha que no todo está perdido.

EL SOLITARIO

Vaga va por extraños caminos de la vida,
y su alma transita desnuda, taciturna,
vestido de negro se para en la esquina,
y un cigarrillo en la boca él anida.

El solitario peregrino en desosiego,
trae sueños bellos y escéptico el pecho,
busca en el alma razones a su derecho,
siembra lisonjas; utopías sin hacer ruego.

No abre su corazón a nadie fácilmente;
y sin embargo, entro a través de sus ojos,
él no sabe cómo penetro sus sentimientos,

con sus mejillas, sonrojadas tímidamente,
adyacente místico estando a mí lado
es la esencia del solitario acaudalado.

TRISTEZA

Dolor tengo en mi ser de gacela herida,
y mi piel morena se siente suave, dormida,
el corazón me delata que estoy dolida
"te amé como nadie te amó en la vida".

El nimbo de los sueños desvanece sin tregua
no río, ni canto como aquella chiquilla;
con melodías titilaba como estrella;
dilapidando amor utópico en fragua.

Mi alma desvanece de dolencia, olvido
y el corazón tiembla desvirtuado, gélido
llorando el desamor de ausencia perdido.

Llena de tormentos y atroces emociones
se bifurca la distancia entre nubarrones,
surge la soledad de endebles sensaciones.

SENECTUD DORADA

De amores conozco lo que estoy viviendo,
puedo darte un consejo brotado del alma,
no atañen los años si en verdad se ama
ni si has llorado estando enamorado.

Es la esencia bendita que me regocija:
lo decía papá cuando pequeña estaba:
del amor todo es nuevo; él lo expresaba,
y no incumben los años que tengas; ni queja.

Es una experiencia bonita, legendaria
si con quien se amas se intenta disfrutarlo
conocerás paraísos con sólo mirarlo.

Todo es distinto si tú logras conquistarlo.
De la senectud yo gozo; bendición del cielo,
vivo y disfruto un amor de secundaria.

SEÑORITA ARTISTA

Para Micaela Falcón

Señorita artista; solicito por favor,
dibuje veloz aquí en el alma un mural,
la grandeza; la utopía de un manantial
con rosas esplendorosas fluyendo del amor.

Pues matíceme la esperanza con certeza,
y que represente en el humano su valor.
En surrealismo pinte el camba con ardor
el lema que enseñe dignidad y nobleza

de aquellos que luchan tenaz y sin condición,
despojándose por completos fieles al amar,
en la entrega fiel a su verdad sin protestar.

Señorita artista no vaya a olvidar
al colorear el mural, exprese ilusión,
qué, para amar; nos hace falta el corazón.

ZACATECAS

Para el pintor mexicano Roberto Reveles

Zacatecas, estado alegre, tradicional,
de su historia nace en mí la inspiración
Sus mujeres son bellezas, alma y corazón,
y de sus hombres ni se diga, todos por igual.

En su cielo azul se adhieren más estrellas,
en el pueblo Cofradía marchas por sus calles
y en Jerez, nacen en las copas de sus valles
pitahayas verdes, rojas, blancas, amarillas;

Roberto Rebeles; coloreó obras únicas
y al morir nos deja herencias históricas
legado magno que acaudala Zacatecas.

Son obras majestuosas y arquitectónicas
sus palacios, parques, catedrales y capillas;
quedan por Roberto plasmadas en estampillas.

NADA ES MÍO

Para la escritora María Laura Lucci

Nada es mío; soy la luz de muchos caminos,
asisto el corazón de quién se ha caído,
soy ave trina; todo tiempo, estoy sin nido,
y sé qué de mi vida es levantar destinos.

Intuyo el motivo de porque lo festejas,
es mas, comprendo el por qué de mí te has ido
dejando mi espíritu casi fallecido
si ya te sembré el afecto sin darte quejas.

Quise quedarme con tu amistad de armiño,
mas, al marcharte comprendí que nada es mío
ni esa flor del campo nacida del rocío;

al volver, no traes abrigo; Dios te bendiga,
vagando encontrarás a quien te ha querido
como una hermana y tu más fiel amiga.

ARGENTINA

Para el país de Argentina

¡Ay Argentina eres tú mi sueño dorado!
Luces altiva y gallarda bailando tango.
Serena y sincera sólo a Dios le digo
visitar tu suelo; fue anhelo añorado.

Tú tiñes mi vida de amores, esperanzas,
veo tus cataratas entre los nubarrones
me llenan el alma de fuerzas e ilusiones,
en Pico de Aconcagua me brindas bonanzas,

mirando Pozo de Ánimas, tu alborada
me emociona y estoy por ti inspirada.
Aquí en Chivilcoy todos vivimos contentos,

lo expreso con emoción desde mi ventana.
Al tratar a su gente nos sentimos hermanos,
y, palabra de mujer que yo soy ***mexicana***.

Búsqueda

de amor

PROSAS

Maricela Ramírez Loaeza

UNA MUJER COMO TÚ

Una mujer como tú, a quien admiro y respeto en su lucha incansable al trajinar día a día con la vida. Sí, tú, a quien no te vence la adversidad, posees una calidad humana y esa inteligencia innata que te hace ser diferente a todos los demás, siempre fiel a los grandes amigos, tú eres capaz de regalarle a el viento la sonrisa y plasmarla en los olvidados.

Tú, madre abnegada nos brindas el cariño sin esperar nada a cambio. Por aquel amor de tus sueños te vistes, te llenas de dicha con el sólo hecho de verlo feliz. Tú, quien trabajas arduamente para traer el sustento de tu casa. Tú, eres papá, mamá y mujer. Te esfuerzas diariamente para sembrar y hacer los cimientos fundamentales con los que tus hijos lucharán en su vida diaria y así vas dejando la buena semilla en la tierra fértil. Tú, regalas bondad a los desvalidos, niños, enfermos, mendigos, a los viejos y locos soñadores. A ellos les fortaleces el amor y esperanza y vas sacando fuerzas de no sé dónde para transformar sus vidas, forjándoles sueños.

Tu creación no ha sido casualidad, tampoco es contingencia el llamarte mujer; naciste para ser y tener tu propia luz. El hecho de que Dios Todopoderoso le encomendara a las mujeres la labor de llevar un ser viviente en el vientre, el poder de gestar la descendencia humana, sólo mujeres como tú pueden consumar la grandiosa faena, de ser las únicas en tener la bendición del Ser supremo, porque por una mujer como tú. ¡Bendita sean todas las mujeres y la vida!

ÁRBOL DE LA ESPERANZA

Había una vez, en medio de un bosque florido lleno de verdor, ríos caudalosos y árboles que lucían rozagantes llenos de vida.

Mientras que ahí, un árbol de ramas cenizas, casi seco, débil, sin hojas, que al esconderse parecía ser más pequeño de lo que era. Día con día se opacaba más; aun, cuando todas las mañanas entre las ramas espesas de los otros árboles traspasaba un hilo de luz radiante que penetraba al árbol. Él parecía que se condolía más de sí mismo inclinándose del lado de donde le ingresaban los rayos del sol.

Un día llegó el amor todo maltrecho y se recargó en aquel árbol donde le entraba la luz y al estar llorando una de las lágrimas cayó en sus raíces. Al mojarse, algo mágico sucedió: al día siguiente la savia del árbol que aún se mantenía viva por el único rayo del sol y con la esperanza de no morir, se fortaleció.

Todos los días el amor llegaba a llorarle su pena. Sin darse cuenta, el amor le brindaba unas lágrimas que a través de un proceso lento iba haciendo cambios en el árbol.

Hasta que un día amaneció con tres hojas en una de sus ramas. Al día siguiente más hojas y cada vez más; le brotaban capullos, hasta que después de varias semanas, el árbol de ramas grises era ahora un árbol frondoso, lleno de mariposas y admirado por los demás árboles.

Moraleja: La luz es la esperanza que nos da Dios para vivir. La savia es la vida. Las lágrimas son la fuerza del amor. Cuando hagamos algo por pequeño que sea hagámoslo con la fuerza del amor y la fe en Dios, dando la oportunidad a que el amor habite en nosotros y así obtener grandes cambios en nuestras vidas.

MI CIUDAD Y YO

Mi ciudad y yo somos fieles amigas, caminamos juntas por sus calles agarradas de la mano, ella siente mi tristeza y yo su ansiedad. Cuando la soledad me invade, la nostalgia llega a mi corazón, para convertirse en mi huésped. Deambulo por ella, sus árboles arcaicos me abrazan con sus ramas frondosas, ella me habla de sus sueños, y acogiéndose en mis sentidos: se convierten en sólo míos.

Mi ciudad me viste de dicha al verme triste, desvalida o angustiada. Me acurruca en su seno y me hace sentir que es mía nada más a tal grado qué me dice: —"Tú y yo tenemos mucho en común, tú Señora de Santana y yo, Santa Ana. Tú sufres por encontrar aquel hijo y yo sufro por aquellos quienes están extraviados".

Percibo su deseo de verse limpia, purificada, sin desechos tóxicos, sin basuras, ni calles pintadas. Queriendo sus jardines llenos de verdor y flores. ¡Sí, muchas flores en primavera eterna! ¡Y llenarse de buenos ciudadanos que la cuiden, protejan y sobre todo, que la amen inmensamente!

Mi ciudad me habla de sus ríos encanalados, de su historia y sus diversas culturas. Me describe su dolor, de esos aconteceres trágicos tiñéndose rojizos y en ocasiones bañan sus calles. Del llorar de sirenas en sus noches oscuras o en sus días callados. De cómo la van destruyendo. Del sufrimiento que siente al ser mutilada, subyugada, dejándola agónica por sus propios habitantes.

De esa manera conversamos todo lo que sentimos mi ciudad y yo.

MY CITY AND I

This prose was translated by Claudia Carbonell.

My city and I are confidants, bonded friends. We walk through her streets holding hands; she senses my sadness and I feel her anxiety, when loneliness invades my heart and becomes my guest. I travel throughout her, her ancient trees thrust forth their lush branches and hug me tight; they tell me their dreams that dart into my senses and become mine.

My city vests joy in me when I am sad, helpless, or anguished. She shelters me under her breast and makes me feel she is mine, only mine, in such way. She whispers: "You and I have a lot in common; you Mrs. Santana, and I, Santa Ana. You suffer because you are looking for your lost son, and I suffer for those who are lost.

I sense her longing to be pure, without pollution, devoid of trash and graffiti". She wants her gardens filled with lush greenery and flowers. Yes, lots of flowers in an eternal spring! She wishes to shelter a great of good citizens who will take care of her, protect her and mainly love her.

My city tells me about her channeled rivers, her history and diverse cultures. She describes to me her pain about those tragic events that stain her streets crimson, how the sirens cry at sunlight or when dark rises, how her citizens destroy her. She moans in my ear of her anguish in being crippled, subjugated by her own citizens destroying her.

This way we bond, my city and I.

www.ingramcontent.com/pod-product-compliance
Lightning Source LLC
LaVergne TN
LVHW012115170826
845678LV00014BA/2952